기적일까? 우연일까?

KB202786

새생명 전도/교육 소책자 시리즈 02

기적일까? 우연일까?

초   판 ┃ 제 1쇄 2007.08.20
개정증보판 ┃ 제 1쇄 2012.06.15

지은이 ┃ 정성민
펴낸이 ┃ 정성민
펴낸곳 ┃ 푸른초장

등록번호 ┃ 제387-2005-00011호(2005년 5월 17일)
소재지 ┃ 경기 파주시 광탄면 분수리 350-3번지
TEL 031) 947-9753 (푸른초장), 010-6233-1545
출판유통 ┃ 하늘유통 031) 947-7777, FAX 031) 947-9753
인쇄처 ┃ 예원

책값은 뒤표지에 있습니다.
ISBN 978-89-92817-37-0   03230

독자의 의견을 기다립니다.
sungjeong@hotmail.com

기 적 일 까 ? 우 연 일 까 ?

MIRACLE OR COINCIDENCE?

새로운 신자를 위한 전도와 교육을 위해 새생명전도 10단계 시리즈를 출간하지 벌써 5년이 되었습니다. 그동안 많은 목회자를 통해서 이 책이 새신자의 전도와 교육을 위해서 유용하게 사용되어지고 있다는 소식을 접하였습니다. 정말 이 책을 사용하여 주시는 하나님께 감사할 따름입니다.

본래 비신자들에게 복음을 전하기 위해 쓰여 진 [예수! 그가 다가온다]와 초신자들에게 기독교 신앙을 쉽게 설명해주기 위해 쓰여 진 [예수! 그를 만나다]를 통합하면서 새신자전도와 교육을 위한 10단계 시리즈를 만들게 되었습니다. 각각 주제에 맞는 부분들을 두 권의 책에서 뽑아서 10권의 소책자를 아래와 같이 구성하게 되었습니다.

　많은 분들이 인터넷 서점 독서평을 통해서 말씀해주신 대로 이 소책자 시리즈는 비신자들이 지니고 있는 기독교에 대한 의구심을 객관적으로 설명하였습니다. 또한 각각의 주제를 소책자 분량으로 편집하여 책을 읽는 즐거움을 더하였습니다.

　이 소책자 시리즈는 신앙의 기초가 약한 성도들에게도 체계적인 교리를 가르쳐주기에 새신자들을 위한 성경공부 안내서가 될 것입니다. 다음으로 다양한 주제를 다루고 있기에 비신자들의 진리에 대한 갈망을 해소 시켜줄 수 있습니다. 그래서 태신자 전도, 오이코스 관계전도, 그리고 알파코스와 같은 전도를 위한 다양한 프로그램이나 세미나에 유용한 책자가 될 수 있습니다. 아니면 대학부나 청년부 성경공부 교재로도 쓰일 수도 있음을 기억해주시길 바랍니다.

독자들의 이해를 돕기 위해 인터넷 서점 인터파크에 올려 진 소책자에 대한 서평 하나를 소개해드립니다.

이 책은 소책자입니다. 크기도 작습니다. 분량이 적습니다. 그래서 아마 읽기 전에는 내용이 얕거나 부실 할 것으로 생각이 될 겁니다. 그러나 예상과 달리 내용은 상당히 좋습니다. 깔끔합니다. 핵심만 분명히 전합니다. 이 책(소책자 시리즈 4권)에서는 악의 문제를 잘 다루고 있습니다. 악의 문제에 대해 간결하게 핵심만 다룹니다. 그와 관련된 의심을 명쾌히 정리하고, 답변 해 줍니다. 시리즈의 제목은 '새생명 전도 시리즈' 라서 내용이 새신자 수준에 맞춰져 있을 것이라 예상 될 겁니다. 그러나 시리즈명과는 어울리지 않게 내용이 꽤 심도 있습니다. 그렇다고 많이 깊어서 이해하기 어려운 건 아닙니다. 너무 얕지도 않고 딱 좋습니다. 그래서 새신자는 물론 기존 신자도 읽으면 좋습니다. 악의 문제에 대해서 다른 책을 볼 필요 없이 이 책 한 권으로 기본적인 정리를 할 수 있을 것입니다.
[인터파크 서평 중에서]

본 새신자전도 및 교육을 위한 10단계 시리즈는 새생명전도 10단계 시리즈의 개정증보판입니다. 이 개정증보판은 전체적인 내용이 원판과 거의 동일합니다. 하지만 설명이 더 필요한 곳에 좀 더 내용을 보강하였고, 각 권의 마지막 부분에 필요에 따라 부록을 첨부하였습니다. 각 권의 주제와 연관된 방송원고, 설교, 신학적인 글을 추가한 것입니다. 혹시 부록이 부담스럽거나 이해하기가 힘든 분들은 그냥 읽지 말고 넘어가시어도 좋습니다. 본 개정증보판은 책 표지와 내지의 디자인을 새롭게 구성하였습니다.

바라는 것은 이 소책자 시리즈가 한국교회의 부흥과 성숙을 위해 크게 쓰임 받는 것입니다. 마지막으로 이 모든 것을 허락해주신 풍성한 은혜의 하나님께 영광을 올립니다.

"깊도다 하나님의 지혜와 지식의 풍성함이여, 그의 판단은 헤아리지 못할 것이며 그의 길은 차지 못할 것이로다.... 이는 만물이 주에게서 나오고 주로 말미암고 주에게로 돌아감이라 그에게 영광이 세세에 있을지어다. 아멘." (로마서 11:33, 36)

2012년 3월 20일

저자 정성민 교수

CONTENTS

차 례

1

Miracle or Coincidence?

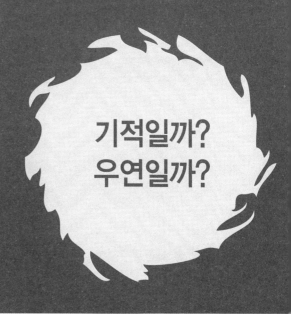

기적일까?
우연일까?

칠흑같이 어두운 밤, 빅토리아 여왕의 전용 열차가 장대비를 뚫고 달리고 있었습니다. 그런데 갑자기 헤드라이트 앞에 검은 옷을 입은 사람이 손을 흔들고 있는 것이 보였습니다. 기관사는 급히 열차를 멈추었고, 차장과 열차 승무원들이 밖에 나가 보았습니다. 그러나 기관차 주변에는 아무도 없었습니다. 혹시나 하여 몇 야드 더 가보니 열차 교량 한가운데가 급류에 휩쓸려 떨어져 나가고 없었습니다. 만약 그 검은 옷을 입은 사람이 아니었다면 여왕을 위시한 수백 명의 사람들이 모두 사망하는 대형사고가 났을 것입니다. 교량이 복구된 후 열차는 무사히 런던에 도착할 수 있었습니다. 그 이상한 형체에 대해 궁금해 하던 기관사가 기관차를 살피던 중 헤드라이트에 큰 나방하나가 죽어 붙어있는 것을 발견했습니다. 기관차 안에 들어가 얼른 헤드라이트를 켜보았더니 나방의 모습이 마치 깃발을 흔드는 사람의 형상처럼 보였습니다. 이 사실을 보고받은 여왕은 "그것은 우연한 일이 아니라 하나님이 우리를 지켜주시느라 행하신 일이요"라고 말하며 하나님께 감사를 드렸습니다.

여러분은 이 사건을 우연으로 보십니까? 아니면 하나님이 베풀어주신 기적으로 보십니까? 아마도 대부분의 불신자들은 우연적인 사건으로 볼 것입니다. '빅토리아 여왕이 그 날 매우 운이 좋았구나'라고 생각할 것입니다. 그렇지만 신앙인들은 전혀 다른 눈으로 이 사건을 바라봅니다. 이것은 우연이 아니라, 분명 하나님이 베풀어 주신 놀라운 기적이라고 생각할 것입니다.

기적은 흔치 않은 현상입니다. 대부분의 철학자들은 기적을 "자연법칙을 위반하는 신의 직접적인 행위"라고 정의합니다. 기적에 대하여 우리는 다음과 같은 두 가지 질문을 해 볼 수 있습니다.

첫째, 과연 과학을 뛰어넘는, 혹은 과학적 법칙들을 역행하는 초과학적 사건이 발생할 수 있을까요?

둘째, 만약 그러한 초과학적 사건이 발생했다고 가정한다면, 그것은 우연일까요? 아니면 신이 인간사회에 직접적으로 개입하고 있다는 증거일까요?

기적은 자연법칙에 위배되는 사건

먼저 '자연법칙'이란 무엇인지 정의해 봅시다. 자연법칙은 세상에 있는 만물들이 일정한 방식으로 작용하는 일반적인 현상입니다. 예를 들어 봄이 가면 여름이 오고, 여름이 가면 가을이 오는 계절의 일정한 흐름과 같은 자연의 순리가 자연법칙입니다. 그러나 성경에는 이러한 자연의 법칙을 위반하는 많은 기적적 사건들이 기록되어 있습니다.

동정녀가 아기를 낳습니다. 물이 포도주로 변합니다. 죽은 자가 부활합니다. 이것은 과학적으로 증명하거나 해석할 수 없는 믿기 어려운 사건입니다.

자연과학의 잣대로 기적을 부인할 수 있는가?

스코틀랜드의 독립운동가 로버트 부르스라는 사람이 도피자로 지낼 때의 일입니다. 어느 날 부르스는 쫓겨서 달아나다가 너무 급한 나머지 산 속 동굴로 피신했습니다. 동굴 속에서 숨을 죽이고 밖을 내다보던 그는 자기 앞에서 거미 한 마리가 열심히 거미줄을 치고 있는 것을 보았습니다. 이윽고 자기를 쫓는 무리가 동굴 입구에까지 들이닥쳤습니다. 그런데 그들은 거미줄이 쳐져 있는 것을 보고 도주자가 여기엔 들어가지 않았을 것이라고 하며 그냥 지나가 버렸습니다. 그때 부르스는 무릎을 치며 이렇게 고백했습니다. "오, 하나님. 이 작은 거미의 뱃속에 나를 위한 피난처를 마련해 주셨군요. 거미를 통해서 나를 보호해 주시다니, 참으로 감사합니다."

부르스가 경험한 사건은 목격자가 없습니다. 오직 부르스 혼자만 경험한 주관적 사건입니다. 성서에서 증언된 기적들도 마찬가지로 주관적 경험에 가깝습니다. 이러한 사건들은 과거에 단 한 번 일어난 사건입니다. 또한 개인 혹은 몇몇의 증언자만 있을 뿐입니다.

불신자들이 지적하는 이러한 개인적인 증언들의 문제점은 '소수의 주관적인 경험'이라는 것입니다. 많은 사람들이 목격하지 않았기 때문에 그 초자연적 사건을 객관적으로 증명할 수가 없다는 것입니다.

하지만 다른 관점에서 과거에 단 한 번 일어난 반복될 수 없는 사건을 부정한다는 것도 이치에 맞지 않는 일입니다. 그래서 이러한 기적들에 대한 철학적인 입장은 다음과 같습니다.

"기적은 이성적으로 그리고 과학적으로 이해할 수도 없고 알 수도 없는 신비한 사건이다."

정리해 봅시다. 그동안 초자연적 기적이 과학법칙에 위배된다고 하여 무시되어 왔습니다. 그러나 이러한 반복 불가능한 기적에 대하여 무조건적으로 사실이 아니라고 단정을 지을 수는 없습니다. 왜냐하면 자연법칙에서 예외적인 사건이 발생될 수도 있기 때문입니다. 또한 그 기적을 거부하는 유일한 기준인 자연법칙이 잘못된 것일 수도 있기 때문입니다.

기적은 신의 직접적인 행위

모든 자연 법칙의 기초는 인과율입니다. 인과율이란 모든 사건과 사물에는 원인과 결과가 있다는 것입니다. 하지만 '기적'은 과학의 눈으로 봤을 때 결과만 있고 그 원인을 발견할 수가 없습니다. 따라서 우리는 기적을 자연과학적인 눈으로 바라보아서는 안됩니다. 기적은 결과이며, 기적의 원인은 하나님 자신입니다. 기적이란 신이 스스로 자연의 인과율 법칙을 깨거나 수정해서 직접적으로 인간의 사건에 개입한 초자연적 사건입니다. 즉 기적은 자연법칙(인과율)으로는 그 원인을 찾을 수도 없으며, 규명할 수도 없습니다.

필자는 미국에서 철학박사 과정 중에 독일어 시험을 치러야 했습니다. 보통 미국의 박사과정은 독일어와 불어시험을 필수로 정해놓고 있습니다. 그런데 항상 아르바이트를 하면서, 그리고 교회 사역을 하면서 공부를 했기 때문에 시간에 쫓겼습니다. 그래도 나름대로 여름방학 동안 독일어 공부를 준비해서 가을학기 초에 시험을 보았습니다. 최선을 다했지만 아쉽게도 떨어졌습니다. 어쩔 수 없이 봄 학기 초에 독일어 시험을 다시 치러야 했습니다. 겨울방학 때 준비를 해서 꼭 합격을 해야 했습니다. 그런데 가을학기 중 밀린 과제물을 작성하느라 준비를 제대로 하지 못했습니다. 독일어 시험에 합격해야만 종합시험을 준비할 수 있었습니다. 또한 시험에 세 번 떨어지게 되면 아예 박사과정을 포기해야하는 최악의 상황이 되기 때문에 걱정을 하지 않을 수 없었습니다.

저와 아내는 시험을 1주일 남겨 놓고 하나님의 뜻을 물으면서 간절히 기도했습니다. 그러자 놀랍게도 하나님은 저의 아내에게 꿈을 통해 응답하셨습니다. 그 꿈의 내용은 커다란 유럽의 지도가 있었는데 제가 독일의 국경을 넘어서 들어가는 것이었습니다. 그 꿈을 꾼 저의 아내는 하나님이 도우시니 시험을 보라고 강하게 말하였습니다. 제가 다니던 학교는 200-300 페이지 분량의 독일어 원서 3권 중에 3페이지 정도를 무작위로 선별해서 시험을 출제했습니다. 정해진 시간 내에 독일어를 영어로 정확하게 번역해야만 하는 어려운 시험입니다. 그래서 저는 시험 전날에 그 동안 준비했던 문제들 중 하나의 예제를 선택하여 차근차근 사전을 찾으면서 공부했습니다. 시험 당일이 되었습니다. 시험관이 문제지를 나눠주고, 필자가 그것을 보는 순간 환희와 평안이 저의 마음속에 가득 밀려왔습니다.

그 이유는 독자 여러분께서 더 잘 아시겠죠?

예, 그렇습니다. 놀랍게도 바로 전날 차분하게 준비한 그 예제가 그 날의 시험문제였던 것입니다. 저는 하나님의 인도하심과 은혜에 크게 감격하며 감사를 드렸습니다.

여러분은 필자의 체험을 우연한 사건으로 생각할지도 모릅니다. 그러나 저는 하나님이 베푸신 기도의 응답으로 생각합니다. 또한 성서에 기록된 모든 기적은 거짓이 아니라 하나님의 역사이며 분명한 사실입니다. 우리는 이러한 현실 속의 주관적인 경험을 통해 과거의 기적들이 실제의 사건이었음을 유추할 수 있습니다.

우리는 기적을 정의하는 것으로 이번 주제를 시작해 보았습니다. 기적은 '자연법칙을 위반하는 신의 직접적인 행위'입니다. 그렇다면 과연 자연법칙에 위배되는 일이 실제로 일어날 수 있을까요? 초자연적인 현상이 정말 신이 직접적으로 개입한 것일까요?

우리는 이에 대해 논의하면서 자연스럽게 몇 가지 사실들을 발견했습니다. 기적은 자연법칙을 따르지 않습니다. 하나님이 바로 기적의 원인이며, 기적이라는 사건은 결과입니다. 기적이 신기한 이유는 우리가 알고 있는 자연법칙을 넘어서기 때문입니다. 우리는 기적을 통해 하나님이 우리 삶 속에 너무나 정교하고 놀랍게 개입하고 계심을 발견할 수 있습니다.

기적에 관한 문제점들

기독교에서 기적이라는 주제를 다룰 때 마주하게 되는 실제적인 어려움이 있습니다. 그것은 바로 신의 개입 여부에 대한 것입니다. 인간의 역사에 어떤 경우는 신이 직접 개입하지만 또 어떤 경우는 신이 개입하지 않습니다. 또한 하나님의 기적이 반드시 필요한 상황인데도 어떤 경우에는 기적의 역사가 일어나지 않습니다. 이럴 때 신앙인들은 실망하거나 당황할 수밖에 없습니다. 하나의 예를 들어 보겠습니다.

김 집사에게는 폐결핵으로 고생하는 딸이 있었습니다. 김 집사는 믿음으로 간절히 기도하면 하나님께서 딸의 병을 고쳐주시리라 믿었습니다. 죽음의 위기 가운데 있던 딸이 기적적으로 회복되었습니다. 김 집사는 자신의 기도에 응답하셔서 기적을 베푸신 하나님께 감사를 드렸습니다. 그런데 그 사실을 김 집사의 친구인 신 집사가 알게 되었습니다. 신 집사는 김 집사의 딸을 고쳐주신 하나님이 다른 사람의 병도 고쳐주실 것이라고 믿었습니다. 그래서 신 집사는 간경화로 고생하는 조카를 위해 간절히 기도했습니다. 믿음을 가지고 기도할 때 조카의 병이 나음을 받을 것이라 확신했습니다. 그러나 신 집사의 간절한 기도에도 불구하고 조카는 고통스럽게 죽어가고 있었습니다.

이 사건을 통해서 우리는 하나님의 공평성에 대해 의문을 갖게 됩니다. 왜 신은 어떤 경우에는 개입하고 다른 경우에는 개입하지 않을까요? 왜 신은 인간이 생각하는 평등이라는 잣대를 모든 사람에게 동일하게 사용하지 않을까요? 우리는 이를 어떻게 이해하고 해석해야 할까요? 이것은 신앙적인 질문, 즉 하나님의 속성에 대한 질문입니다. 하나님의 공평과 정의의 속성이 어떻게 사랑의 속성과 부딪히지 않고 조화를 이룰 수 있는가 라는 질문입니다.

이 질문은 또한 철학적인 질문이기도 합니다. 이를 철학적으로 해석하면, 기적은 왜 좀 더 이해하기 쉽고 규칙적인 방식으로 일어나지 않느냐는 것입니다. 과정신학자 데이비드 그리핀은 이렇게 질문합니다. '하나님은 세상 속의 끔찍한 악을 막기 위해서 왜 좀 더 빈번하게 기적을 베풀지 않는 것일까?' 이것은 바로 하나님의 공의에 대한 비판이기도 하지요.

그러나 인간의 관점에서는 기적의 원인을 설명할 수 없습니다. 기적은 인간이 원인이 아니라 신이 원인입니다. 신은 인간이 기적을 필요로 하는 모든 상황마다 인간의 기준대로 개입해야 할 의무가 없습니다. 초자연적인 기적을 베푸시는 하나님이 그분의 뜻대로 행하십니다. 신은 인간의 생각을 초월하십니다. 하나님은 자기가 원하는 바를 자유롭게 행사할 수 있는 분이십니다.

기적 속의 노른자, 희망에 대한 믿음

우리는 하나님의 기적이 언제 누구에게 왜 일어날 것인지 설명할 수 없습니다. 그러나 확실한 것은 기적을 체험한 사람들에게는 그 기적이 분명한 사실이라는 것입니다. 그래서 필자는 불치의 병으로 사형선고를 받은 사람들, 사업에 실패하여 더이상 재기할 가능성이 없는 사람들, 불가능한 상황 속에 있는 사람들이 낙심과 절망 가운데 빠져 있는 것보다 하나님에게 희망을 갖는 것이 훨씬 유익하다고 생각합니다.

구약 성경에 다니엘의 세 친구(사드락, 메삭, 아벳느고)가 등장합니다. 왕명을 어겨 엄청난 온도의 풀무 불 가운데로 들어가기 전에 그들을 회유하고 협박하는 왕에게 그들이 한 말이 있습니다. "그리 아니하실지라도"라는 말입니다. 이것은 '하나님이 나를 이 죽음의 위험 앞에서 살리시는 기적을 베풀지 않으실지라도 나는 하나님을 부인하거나 배반할 수 없습니다.'라는 엄청난 믿음의 고백입니다. 이들의 믿음의 고백은 풀무 불 가운데에서 살아나는 기적을 불러 왔습니다. 죽음 가운데서도 하나님을 신뢰하는 신앙이 초자연적 기적을 불러온 것입니다.

2차 세계대전 때 포로 2만 명이 수용되어 있던 일본군 포로수용소에서 무려 8000명이나 되는 사람들이 죽었습니다. 죽음의 원인은 바로 '절망'이었습니다. 하지만 600만 명의 유태인들이 학살된 나치 포로수용소에서는 그것과 다른 일이 일어났습니다. 지하 감옥 벽에서 손톱으로 그려진 '다윗의 별'이 발견되었습니다. 그 그림 밑에 이런 글이 적혀 있었다고 합니다.

"비록 태양이 우리에게 비추어 지지는 않지만 저기 태양이 있는 것을 믿노라. 비록 사랑이 내게 느껴지지 않지만 저기 진실한 사랑이 있는 것을 나는 믿노라. 비록 하나님이 침묵 가운데 계시지만 나는 하나님이 살아계심을 믿노라."

기적적인 순산

섬기던 교회에 여성도가 있었습니다. 그녀는 20대 후반으로 임신 중이었습니다. 당시 그녀는 아기를 어떻게 분만할 것인가를 놓고 고민하고 있었습니다. 그도 그럴 것이 첫째 아들을 낳을 때 30시간을 난산하다가 결국에 제왕절개로 낳았기 때문입니다. 내가 보기에도 그녀는 골반이 작아서 자연분만은 어려울 것 같았습니다.

그러나 그녀는 자연분만을 희망하고 우리에게 중보기도 요청을 하였습니다. 그리고 매일 밤 기도회에 빠짐없이 참석하며 하나님께 간절히 부르짖었습니다. 하지만 그들 부부와 함께 기도하는 우리에게 슬며시 다가오는 불안감이 있었습니다. "지난 번 30시간을 난산했던 사람인데.... 너무 골반이 작은데..... 이번에도 고생만 하다가 또다시 제왕절개를 하는 것은 아닐까?" 그럼에도 불구하고 그녀는 이러한 모든 의심과 불안감을 믿음으로 이겨내었습니다. 그리고는 분만 하루 전까지 밤기도에 나와서 함께 기도하며 즐겁게 지냈습니다.

그리고는 예정일이 가까워 검진을 갔는데 오늘 중으로 분만할 것이라는 소식을 들었습니다. 만반의 준비를 마치고 집에서 저녁을 먹고 병원으로 향하였습니다. 그런데 의사가 의아한 표정으로 말했습니다.

"아니, 아직도 통증을 못 느껴요? 곧 아기가 나올 테니 빨리 서두릅시다."

우리는 그 소식을 전해 듣고 병원으로 급히 향하였습니다. 막상 도착해보니 그 남편이 아기를 안고 분만실에서 나오는 것이었습니다. 정말 어이가 없어 멍하니 바라보았습니다. 아기를 얼마나 빨리 자연 분만하였는지 한 시간 만에 낳았다는 것입니다. 그것도 분만의 고통을 거의 느끼지 못한 체 말입니다. 간호사들은 산모에게 아기가 눈에 보일 정도로 나와 있었는데 그런 통증을 느끼지 못했느냐고 말하면서 이렇게 둔한 산모는 처음이라며 고개를 저었다고 합니다. 이 기적으로 남편의 믿음이 더욱 성장하게 되었습니다. 그리고 온 성도들이 살아계신 하나님의 능력을 체험하게 되었습니다.

더 큰 기적을 누리십시오.

여러분의 삶 가운데도 기적은 일어날 수 있습니다. 하나님을 인정하고 긍정적으로 사시길 바랍니다. 하나님은 자신을 믿고 따르는 자들에게 기적을 베풀어 주십니다.

하나님이 베푸시는 기적에는 여러 가지가 있습니다. 감당할 수 없는 일을 허락하지 않으시는 것도 기적입니다. 정말 어렵고 힘든 일에 피할 길을 주시는 것도 기적입니다. 하지만 가장 큰 기적은 불가능한 일을 감당할 수 있는 능력을 주시는 것입니다. 어려운 일을 당했을 때 노력하지 않고 걱정만 앞세우며 기적과 요행만을 바라지 마십시오. 오히려 더욱 노력하며 하나님이 주시는 지혜와 능력을 구하십시오. 우리는 분명 모든 불가능한 상황을 이겨낼 수 있습니다. 그래서 바울 선생은 이렇게 말씀하고 계십니다. "내게 능력 주시는 그리스도를 통하여 나는 모든 것을 할 수 있습니다." (빌4:13)

하지만 여기서 우리가 주의해야 할 것이 있습니다. 자연의 법칙을 초월하는 특별한 사건을 기대하는 인간의 욕심은 끝이 없다는 것입니다. 적당히 일하고 노력하지 않으면서 기적과 요행만을 바라기도 합니다. 그러나 하나님은 실제로 우리가 깨닫지 못할 뿐이지 많은 기적들을 행하고 계십니다. 위에서 말했듯이 우리의 삶을 살펴보면 하나님이 베푸신 눈에 보이지 않는 기적이 매우 많이 있습니다. 하지만 정말 큰 기적은 하나님이 정해놓으신 자연의 질서와 법칙 그 자체입니다. 만약 자연의 법칙이 자주 무시되고 초자연적인 기적이 판을 치게 된다고 생각해보십시오. 그것은 혼란이요 더 큰 재앙입니다.

봄이 가면 여름이 오고, 여름이 가면 가을이 오는 것이 기적입니다. 얼마나 신비하고 아름답습니까? 우주의 별들은 하나님이 정해놓으신 자연의 법칙대로 운행합니다. 이 자연의 법칙이 깨지면 인류는 대재앙과 종말을 맞게 될 것입니다. 또한 모든 사람들이 늙어도 죽지 않거나 죽어도 썩지 않는다면 이 세상이 어떻게 될까요? 정말 몹쓸 세상이 될 것입니다.

여러분! 이와 같이 하나님의 놀라운 기적은 이미 자연의 섭리 속에 깊이 스며들어 있습니다. 매일 매일의 여러분의 삶 속에서 하나님의 기적을 누리십시오. 그 기적을 볼 수 있는 눈을 소유하시길 바랍니다.

또한 세상에는 많은 기적이 있지만 그 중 가장 큰 기적은 우리가 예수 그리스도를 하나님의 아들이자 우리를 구원하신 구세주로 믿는 것입니다. 예수를 믿는 것은 이성적으로나 과학적으로 받아들일 수 없는 비정상적인 일입니다. 따라서 이성적인 우리가 비이성적인 믿음을 받아들이는 것이 바로 기적입니다.

1. 당신은 기적을 체험한 적이 있는가?

   만약 있다면, 한번 나누어보라!

2. 기적은 기도의 응답일까?

   만약 그렇다면, 왜 그렇게 생각하는가?

3. 기적은 우연의 일치일까?

   만약 그렇다면, 왜 그렇게 생각하는가?

4. 만약 기적을 하나님이 일으키신 직접적인 사건으로 이해한다면,
   기적이 지닌 문제점은 무엇일까?

5. 자연적인 기적과 초자연적인 기적의 차이점은 무엇인가?

2

Story of the Guardian Angels

수호천사
이야기

기적은 천사의 손길?!

유명한 현대 철학자 모티머 에들러는 천사야말로 공상과학 소설에 나오는 우주인보다 더 재미있는 존재라고 말합니다. 영화 E.T.와 같은 외계인들은 꾸며낸 이야기지만 천사는 우리가 실제로 경험할 수 있는 진실된 이야기라는 것입니다.

지금부터 30년 전, 나의 부친은 충청남도 대천에 있는 남포교회에서 목회를 하셨습니다. 나의 부모님들은 평소 하나님의 은혜를 사모하면서 기도를 많이 하셨습니다. 특별히 밤마다 성도들과 함께 철야기도를 하셨습니다. 어느 날 밤 10시경, 어느 한 집사님의 방탕한 아들을 위해서 여러 분의 성도님들이 함께 중보기도를 할 때, 그들은 마치 전기에 감전되는 것과 같은 성령의 감동을 느끼며 눈물의 기도를 드리게 되었습니다.

그 다음 날 아침, 같이 기도를 했던 집사님들은 한 가지 신기한 사실을 알게 되었습니다. 그 전날 밤에 서울을 향하는 장항선 기차를 타고 가던 그 아들이 패싸움을 하였는데, 다른 쪽 패거리들이 시속 100km로 달리는 기차에서 그를 발로 차서 떨어뜨렸다는 것입니다. 이런 경우 대부분 죽거나 아주 크게 다치는데, 그는 찰과상 하나도 없었습니다. 그 이유는 그가 기차 길 옆에 있는 논의 진흙수렁에 빠졌기 때문이었습니다.

참으로 신기한 일임에 틀림없습니다. 이는 하나님이 베푸시는 기적이요, 기도의 응답입니다. 하나님은 어떻게 이러한 기적을 행하셨을까요? 그 해답 중에 하나가 바로 천사의 손길입니다. 하나님이 천사를 보내서 기차에서 떨어지는 그를 안아 정확히 논 수렁에 떨어지게 한 것입니다. 그 아들이 기차에서 떨어진 시간과 성도들이 교회에서 뜨겁게 기도한 시간이 거의 같은 시간이었다는 사실이 이를 뒷받침해줍니다. (요 4:46-53)

아무튼 하나님이 천사를 통해서 놀라운 일들을 행한다는 믿음을 갖고 생활해 보면 우리 주변에 일어나는 사건들 속에서 천사가 출현하고 있다는 사실을 아주 자연스럽게 받아들일 수 있습니다. 하나님이 일으키시는 기적 사건과 천사는 서로 무관하다고 볼 수 없습니다. 왜냐하면 성경이 이러한 사실을 증거하기 때문입니다.

천사는 어떻게 생겼을까요?

대개 천사는 우리의 눈으로 볼 수 없습니다. 천사는 영적인 존재이기 때문에 육안으로 보이지 않는다는 사실이 놀라운 일은 아닙니다. 천사는 물질적인 몸은 없고 단지 영만 있습니다. 그러므로 우리가 천사의 모습을 볼 수 있는 순간은 우리의 영적인 눈이 열릴 때라고 할 수 있습니다. 선견자 발람은 하나님이 영의 눈을 열어주셨기 때문에 자신을 향해 칼을 들고 서 있는 천사를 볼 수 있었습니다. (민 22:31-35)

어떤 사람들은 무섭게 생긴 천사를 보았다고 합니다. 그럴 경우 대부분의 천사들은 하나님의 전사들로 나타납니다. 그들은 키가 크고 또한 강한 힘을 가지고 있습니다. (벧후 2:11)

어떤 사람들은 날개가 달린 아름다운 모습의 천사를 보기도 합니다. 날개가 달린 아름다운 천사의 모습은 전통적인 천사의 모습으로 이를 만난 사람들은 하나님을 만난 것과 같은 경이감과 감동을 받습니다.

아주 많은 사람들이 빛으로 나타난 천사를 보았다고 말합니다. (출 3:2, 시 104:4) 때때로 천사는 작고 약한 빛으로 시작하여 방안을 가득 채우는 환한 빛이 되곤 합니다. 어떤 사람들은 천사가 입고 있던 옷은 볼 수 있어도 그의 얼굴의 형태는 보지 못하였다고 말합니다. 빛으로 둘러싸여 있기 때문입니다. (마 28:2-3)

사랑하는 사람의 임종을 지켜본 많은 사람들은 임종의 순간에 방에 들어 온 빛이 죽은 사람의 영혼을 하늘나라로 데려가는 것처럼 부드럽게 위로 올라가는 것을 보았다고 말합니다.

인간의 눈으로 목격한 천사의 모습은 그 천사의 본래의 모습은 아닙니다. 인간에게 나타나기 위해 천사가 잠시 선택한 모습입니다. 우리가 죽어서 영적인 존재가 될 때에야 천사의 실재적인 모습을 보게 될 것입니다. 성경이 제시하는 천사의 모습은 형용할 수 없을 정도로 신비롭고 영광스러우며 아름답습니다.

성경에 나타난 천사들

성경은 천사의 활동에 관해 많이 언급하고 있습니다. 그 중에 아주 흥미진진한 이야기도 있습니다. 예를 들면, 다니엘이 사자에게 먹히기 직전에 천사가 나타나 구해주는 이야기가 있습니다. (단 6:22) 또 다른 재미있는 천사 이야기는 감옥에 갇힌 베드로를 구한 사건입니다. 열여섯 명의 병사가 지키는 가운데, 더구나 두 명의 보초 사이에서 두 겹의 쇠사슬로 묶여 있던 베드로는 한 천사에 의해 극적으로 구출됩니다. (행 12:6-10)

천사에 대한 언급은 신구약 성경에 걸쳐 300회 이상이나 되며, 신약의 저자 모두가 천사에 관해 언급하고 있습니다. 사도 바울도 그의 서신을 통해 14회나 천사라는 단어를 사용하였습니다. 요한 계시록은 천사들에 관해 적어도 67회나 언급하였습니다. 그러나 성경이 천사들에 관해 체계적인 설명을 하고 있지는 않습니다. 그나마 천사의 존재에 관해 가장 체계적으로 말하는 성경은 히브리서입니다. 히브리서에서는 천사가 위대한 존재이기는 하지만 하나님과 예수 그리스도에게 종속되어 있는 존재라고 말합니다.

천사는 영적인 존재이기에 보통 우리의 육안으로 볼 수 없습니다. 천사는 인간이 갖고 있는 능력보다 월등한 초능력을 소유한 존재들입니다. (시 103:20) 하지만 천사는 하나님과 비교하면 전지전능하지도 무소부재하지도 못한 제한된 존재들입

니다. 그들은 하나님이 아닙니다. (히 1: 4, 6)

그렇다면 천사는 예수 그리스도만큼의 능력을 소유하고 있을까요? 그렇지 않습니다. 예수 그리스도는 천사보다 월등한 분이십니다. (히 2:5-9) 천사는 하나님의 목적을 위해 창조되어진 피조물에 불과합니다. 천사는 구원받은 사람들을 섬기라고 하나님께서 보내신 하나님의 일꾼인 것입니다.

천사의 방문

어떤 사람들은 천사를 보지는 못하지만 그의 존재를 느끼기도 합니다. 천사는 자신의 모습을 인간에게 드러낼 때, 대부분의 경우 사람들을 놀라게 하지 않기 위해 평범한 인간의 모습으로 나타난다고 합니다. 창세기에 아브라함과 롯에게 나타났던 천사는 평범한 사람의 모습을 하고 있었습니다.

그렇다면 얼마나 자주 천사들이 인간의 모습으로 나타날까요? 정확하게 알 수는 없지만 우리가 생각하고 있는 횟수 그 이상일 수도 있습니다. 그래서 히브리서 기자는 우리에게 이렇게 가르칩니다.

"나그네를 대접하는 일을 잊지 말기 바랍니다. 어떤 사람들은 나그네를 대접하다가 자기도 모르는 사이에 천사를 대접하였습니다." (히 13:2)

천사들은 무엇을 하는가?

천사는 영적 존재로서 죽지 않으며 장가가거나 시집가지 않습니다. 천사의 현주소는 하늘에 있지만 땅에 와서는 하나님의 일을 수행합니다. 천사는 하나님의 피조물입니다. 그러므로 하나님을 찬양하고 하나님의 명령을 수행합니다.

이 땅에서 천사가 해야 할 가장 큰 임무는 구원받은 성도들을 섬기는 것입니다. 그래서 천사들도 우리가 받은 구원을 흠모합니다.

다음은 천사들의 사역을 성경 말씀을 통해 분류한 것입니다.

1) 하늘에서 천사들은 하나님을 찬양한다. (사 6:1-4)
   모든 천사들은 하나님 아버지와 그의 어린양 예수를 찬양한다.
   (계 5:11-12)

2) 땅에서 천사들은 하나님의 명령을 수행한다.

천사들은 하나님의 일꾼들이다. (행 10:1-8, 행 12:11)

천사들은 하나님의 심판을 수행한다. (창 19:1-28, 행 12:23)

3) 천사들은 하나님의 백성들을 보호하고 섬긴다. (히 1:14)

천사가 다니엘을 사자 굴에서 보호했다. (단 6:22)

천사가 엘리야에게 음식을 가져다주고 위로했다. (왕상 19:4-7)

천사가 옥에 갇힌 베드로를 구출했다. (행 12:1-11)

4) 예수님이 재림하실 때 천사들과 함께 온다. (마 25:31, 막 8:38, 살후 1:7-8)

5) 죽은 성도들의 영혼을 하나님의 나라로 안내한다. (눅 16:22)

과연 지금도 하나님은 천사를 보내시는가?

우리는 성서에 나타난 천사 이야기들을 아주 특별한 사람들에게 일어났던 거의 전설적인 사건들이라고 생각합니다. 그래서 우리는 성서가 기록되던 시대에 하나님께서 자신의 일을 하기 위해서 천사들을 보낸 사실을 별로 의심하지 않고 믿습니다.

예수님이 탄생하실 때 그의 출생을 목자들에게 알린 천사들의 존재를 우리는 의심하지 않습니다. (눅 2:8-14) 충분히 그럴 수 있는 일이라고 생각합니다.

그런데 아주 오래 전 전설적인 시대가 아닌 첨단 과학 시대인 지금도 하나님은 천사를 보내시는 것일까요? 그것도 우리와 같은 평범한 사람들에게 말입니다.

나는 우리에게도 천사는 나타날 수 있다고 봅니다. 하나님께서는 오늘날도 천사를 사용하신다고 믿습니다. 성경에 보면 사람들은 천사를 만나고자 하여도 쉽게 만나지 못합니다. 하나님의 뜻이 있어야만 천사를 경험할 수 있기 때문입니다. 그렇다면 우리가 하나님의 뜻을 행할 때에 천사를 경험할 수 있지 않겠습니까! 또한 우리가 뜨겁게 기도하면서 하나님을 기쁘시게 할 때에 하나님은 우리에게 천사를 보내시지 않을까요?

당신의 수호천사

내 아내가 중 3학년 때의 일입니다. 학교를 마치고 하교 길에 버스에서 내렸습니다. 그런데 갑자기 소나기가 쏟아지기 시작

했습니다. 비를 피하려던 아내는 앞뒤를 가리지도 않고 차 도로를 급하게 횡단하였습니다. 그런데 바로 그때 직행버스가 오고 있었습니다. 버스 운전사는 깜짝 놀라 급정지를 하였지만 이미 아내를 치게 되었습니다.

그런데 참으로 이상한 일이 생겼습니다. 분명히 부딪혔는데, 다친 곳이 하나도 없었습니다. 그저 아내의 발등이 잠시 뜨끔했던 것 말고는 아무런 상처가 없었습니다. 그래도 혹시나 해서 버스 운전사는 아내를 태우고 급히 병원에 갔습니다.

당시 학교에 남아서 공부를 하던 아내의 여동생(처제)은 언니가 직행 버스에 치였다는 소식을 접하고 택시를 타고 병원으로 향하면서 영화에서나 보던 온몸을 붕대로 칭칭 감고 병상에 누워있는 언니를 상상했다고 합니다. 그도 그럴 것이 당시 사고의 목격자들이 하나같이 언니가 버스에 부딪혀 몇 미터를 날아갔다는 말들을 했기 때문이었습니다. 그런데 병원에 도착하여 보니 언니는 이미 퇴원을 했다는 것이었고, 겨우 언니의 소재지를 찾아갔더니 언니가 식당에서 밥을 먹고 있었습니다. 온몸은 커녕 단 한 군데도 붕대로 감지 않고 아침에 학교에 갈 때 입었던 그 옷차림 그대로 말입니다.

의사의 진단결과는 아무런 이상이 없다는 것이었습니다. 그렇게 세게 부딪힌 것 같은데 단지 발등만 뜨끔하였으니 참으로 기적입니다. 직행버스를 운전하신 분들은 아시겠지만 달리는 버스에 사람이 부딪히면 그가 무사할 확률은 매우 희박합니다. 아내가 기억하는 것은 버스의 급정거하는 끽하는 소리와 버스와 자신의 몸이 부딪히는 순간뿐이었다고 합니다.

천사에 대해서 글을 쓰는 중에 나는 아내에게 이렇게 말했습니다. "아마도 당신의 수호천사가 버스를 피하게끔 당신을 밀쳤을 거야!"

피할 수 없는 운명?!

필자가 개척교회를 섬기고 있을 때의 일입니다. 우리교회의 성도 한 가정이 고향의 부모님을 모시기 위해 교회를 떠나야 했습니다. 그들 부부는 이제 막 믿음을 가지려고 했던 순간인데 아쉽게도 고향인 경남 창원으로 떠났습니다. 그런데 지난 해 8월 쯤에 다시 서울로 올라온다는 소식을 간접적으로 들었습니다. 우리 부부는 "야! 잘 됐다."라고 감격하며 감사했는데, 그들 부부는 어디로 이사할 것인가로 고심하고 있었습니다. 우리에게는 아무런 연락도 주지 않았고, 슬그머니 이곳저곳 집을 보러 다녔던 것입니다.

그들이 본래 살았던 서울 등촌동, 여의도, 분당 등을 살피다가 부동산 중개업을 하는 친구가 부천중동에 좋은 집이 있다고 하여 부천 중동에도 한번 들렀습니다. 그들이 중동에 들러서 집을 살펴보려고 차에서 내려 몇 걸음도 걷기 전에, 나의 아내와 정면으로 마주쳤습니다. 서로는 소스라치게 놀랐습니다. 아내가 그 근처 정육점에 고기를 사러 나갔는데 우연의 일치라고나 할까 딱 걸린 것입니다.

그들은 목회자 사택이 그곳으로 이사한 것을 전혀 몰랐고 혹시나 중동이니까 우리를 만날지도 모른다는 두려움으로 그렇지 않아도 가슴이 두근두근 하였다고 합니다. 이 에피소드는 성도들 사이에 웃음바다를 만들었습니다. 그들은 매일 밤 철야기도회를 나오는 뜨거운 성도가 되었습니다.

참으로 신비합니다. 어떻게 그렇게 우연하게도 나의 아내와 그들이 외나무다리에서 딱 마주치듯이 그렇게 만날 수 있었던 것일까요? 이것은 하나님의 역사임과 동시에 하나님이 천

사들을 동원해 서로를 그 자리로 불러서 모은 것이라고 믿어
야 합니다.

신학자들이 바라본 천사들

중세 시대의 가장 유명한 신학자 토마스 아퀴나스는 천사박
사로 알려져 있습니다. 그 이유는 그가 천사에 관해 아주 많은
글을 썼기 때문입니다. 그가 쓴 글에 의하면 모든 사람은 출생
시에 한 명의 수호천사를 배정받으며, 그 수호천사는 일생 동
안 그를 보호하고 돌보며 인도한다고 하였습니다. 그렇다면 한
가지 궁금증이 풀립니다. 그것은 어떻게 하나님이 수십억의 사
람들 한 사람 한 사람의 기도에 응답하시고 이들 모두를 각각
돌보시고 계신가라는 의문입니다.

종교개혁자 칼빈은 하나님께서 연약함 중에 있는 우리를 위
로하기 위해 천사들을 사용하신다고 말합니다. 그러므로 우리
는 천사를 경험하게 될 때 천사를 보내주신 하나님께 감사와 영
광을 돌려야 합니다. 하지만 칼빈은 천사를 경험할 때 절대로
미신에 빠지지 않도록 조심하라고 경고합니다. 많은 시간을 들
여 천사를 연구하는 사람들이 종종 사탄의 세력에 붙잡혀서 사

탄 숭배로 연구를 끝내는 경우도 있기 때문입니다. 칼빈은 하나님과 예수 그리스도에게 돌려야 할 영광을 우리가 천사에게 돌리게 될 것을 우려함과 동시에 지나친 천사에 관한 관심이 천사숭배로 이어질 것을 염려하였습니다. 천사는 하나님의 영광을 위해 단지 피조된 존재에 불과한데, 만약 사람들이 정말로 천사가 복을 주는 자라고 생각하기 시작하면 그들은 곧바로 천사에게 무릎을 꿇게 되며, 그를 경배하게 된다는 것입니다.

천사는 우리의 유익을 위해서 하나님께서 창조한 존재입니다. 그러므로 우리가 천사를 경험하게 될 때, 우리를 돌보시고 계시는 하나님의 사랑에 감격해야 할 것입니다.

1. 당신은 천사의 존재를 믿고 있는가?

   만약 그렇다면, 왜 그런가?

2. 성경에서 말하는 천사의 사역을 말하여 보라!

3. 과연 천사에 대한 우리의 믿음은 우리의 신앙에 유익한 것인가?

   아니면 해로운 것인가? 그 이유를 말하여 보라.

4. 당신은 수호천사의 존재를 믿는가?

네가 네 하나님 여호와의 말씀을 삼가 듣고 내가 오늘 네게 명령하는 그의 모든 명령을 지켜 행하면 네 하나님 여호와께서 너를 세계 모든 민족 위에 뛰어나게 하실 것이라. (신명기 28:1)

20년 전에 뉴욕에서 유학생활을 할 때의 이야기입니다. 저와 저의 가족은 나이아가라 폭포를 경유해서 캐나다 국경을 넘어가게 되었습니다. 하루 밤을 지낼 호텔을 찾아 토론토 시내를 향해 운전하게 되었습니다. 아주 고급스러운 호텔이 눈에 들어와 혹시나 하는 마음에 들어가 보았습니다. 멋있는 수영장도 있고, 호텔 로비도 아주 화려한 호텔이었습니다. 직원에게 가격을 물어보니 역시나 너무 비싼 가격이었습니다. 유학생 신분에 감당하기 어려운 가격이기에 망설이게 되었습니다. 그때에 호텔 직원이 저에게 해준 말이 아직도 잊혀 지지 않고 있습니다. 바로 No Money, No Fun입니다. 돈이 없으면 재미도 없다는 말이죠. 다르게 해석하면 재미있게 놀려면 돈이 필요하다는 뜻입니다. 다시 말해서, 돈은 재미와 즐거움의 조건이라는 말이지요. 어쩌면 너무나 잔인한 말이지만, 세상을 살아가는 우리에게 피부로 와 닿는 말이지 않습니까?

오늘 본문말씀에 보면 하나님께서 놀라운 축복을 약속하고 있습니다. 하나님의 백성을 세계 모든 민족 위에 뛰어나게 해 주신다는 것입니다. 하지만 그 놀라운 축복에도 조건이 있다고 말씀하십니다. 바로 No Obedience, No Blessing입니다. 해석하면 순종이 없으면 축복도 없다는 뜻이지요. 하나님의 축복을 경험하려면 순종을 해야 한다는 말입니다.

참으로 세상에는 공짜가 없습니다.

공짜라고 생각하고 너무 쉽게 얻으면, 대부분 사기일 가능성이 높습니다. 공짜 돈 없고요. 공짜 밥 없습니다. 아예 이 세상에는 공짜는 없다고 생각해야 실수하지 않습니다. 아주 쉬운 예를 들자면, 개들이 공짜 지포나 오징어 따라가다 개장수에게 팔리는 것이 아닙니까? 바로 1000원이나 2000원의 값싼 미끼에 자신들의 생명을 잃게 되는 것이지요.

하나님도 우리에게 아무런 조건 없이 축복을 주시지는 않습니다. 세상을 살아가는데도 공짜가 없어 너무 살기가 힘이 드는데, 어찌 하나님까지 똑같이 그러실까 라는 생각이 들게 됩니다. 그래서 저는 왜 하나님마저도 우리에게 이러한 조건부 축복을 요구하시는가를 곰곰이 생각해보았습니다.

그래서 깨달은 것은 진정한 축복은 너무나 값진 것이기에 하나님께서 우리의 마음을 확인하시기를 원하신다는 것을 알게 되었습니다. 그러니까 우리의 마음을 확인하시기 위해서 어쩔 수 없이 조건을 내세우시는 것이라는 것이지요. 결국 하나님과 우리의 마음이 서로 통하는 것이 바로 순종입니다.

그러면 이제부터 축복의 조건인 순종에 대하여 알아보도록 하겠습니다.

첫째로 순종은 우리의 마음을 하나님께 드리는 것입니다.

보통 순종은 너무나 힘든 것으로 생각합니다. 하지만 우리의 마음이 하나님을 향한다면 하나님의 명령이나 율법을 순종하는 것은 그렇게까지 고통스러운 것은 아닙니다. 오히려 순종하는 가운데 즐거움을 발견할 수도 있습니다.

한번 생각해봅시다. 과연 하나님의 그 모든 규례와 명령, 그리고 율법들은 누구를 위한 것인지를 말입니다. 하나님을 위한 율법입니까? 우리 자신을 위한 율법입니까?

우리가 운전할 때에 신호등을 지키는 것은 때론 신경이 쓰이고 불편할 때가 있습니다. 특별히 시간이 늦어서 급하게 운전할 때는 더욱 그렇지요. 그래서 노란불에서 빨간불로 넘어가기 전에 획 지나가곤 합니다. 그렇지 않으면 빨간 불 앞에서 급브레이크를 밟기가 일쑤입니다.

또 있습니다. 고속도로에서 80km나 100km의 제한속도가 우리를 답답하게 한다는 것이지요. 왜 자유롭게 속도를 내게 하지 않고 그렇게 제한속도를 지정해서 우리를 묶어두는지 모를 때가 있습니다. 여러분도 잘 아시겠지만, 서해안 고속도로나 요즈음 신설 고속도로들은 110km가 제한속도입니다. 그곳에서 차들이 달리는 속도를 보면 보통 130-140을 달리는 것 같습니다. 아마도 달리는 기분이 날 것입니다.

또한 성격이 급한 사람들에게 안전벨트를 매는 것이 정말 귀찮은 일입니다.

참으로 이상하죠?
모두다 나의 안전을 위해서 그리고 모든 사람들이 안전하고 쉽게 운전을 하기 위해 안전속도와 신호등을 지키고, 또한 안전벨트를 매야 하는데 우리에게는 그것이 그렇게도 구속이나 억압으로 느껴진다는 것이죠.

다시 본문으로 돌아와서 생각해보면, 하나님의 명령과 율법은 하나님과의 관계를 좋게 하기 위해서 그리고 하나님의 축복을 누리게 하기 위해서 하나님이 제정하신 것이라는 말씀입니다. 다시 말해서 하나님께서 우리의 마음을 보신 후에, 우리에게 축복을 주시려고 제안하신 축복의 조건이란 말이지요. 사실을 알고 나면, 하나님의 율법이나 명령은 그렇게 까지 부담스러워하거나 고통스럽게 생각할 이유가 사라진다는 것입니다. 다르게 표현하자면, 율법이나 명령을 순종하거나 따르는 데에 생기는 피해의식이 사라진다는 말씀입니다.

왜 순종을 해야 하는가를 바르게 알고 나면, 율법을 행하는 것이 오히려 즐거운 일이라는 말씀이지요. 정말 무지에 의해 생기는 쓸데없는 피해의식이 문제입니다. 우리의 생각을 살펴보면, 대개 하나님께 순종하는 것에 대한 피해의식에 사로잡혀 있는 것을 목격하게 됩니다. 아마도 우리의 어린 시절에 우리의 부모님들이 약속하고 지키지 않아서 그렇지 않은가 유추해 봅니다.

사실 심리학적으로 보면, 우리의 부모의 이미지가 바로 하나님의 이미지와 겹친다고 합니다. 그러니까 우리의 부모들이 수많은 약속을 하고, 그에 따른 보상을 하지 않았기 때문에 우리가 하나님에게도 기대하는 마음보다는 짜증이 더 많이 난다는 것이지요. 어쩌면 하나님이 피해자가 되는 것 같기도 합니다. 약속을 지키지 않은 것은 우리의 부모들인데 마치 하나님이 약속을 지키시지 않는 분으로 미리부터 여겨진다는 말씀이지요.

하지만 하나님은 우리의 부모와는 다릅니다. 약속을 잘 지키십니다. 그리고 실언하지 않으시는 분이시고요. 우리에게 순종하면 축복하신다고 약속을 하셨으면 반드시 지키시는 분이십니다.

둘째로 순종은 우리의 인간적인 의지를 버리고 우리의 욕망과 욕심을 비우는 것입니다.

한때 법정 스님의 무소유라는 책이 센세이션을 불러일으켰던 적이 있습니다. 불교의 스님이 무소유라는 사상을 가지고 많은 추종자들이 생기게 되니까 기독교인으로서 조금 어색한 마음이 들었습니다. 왜냐하면 무소유는 바로 예수님의 가르침이기 때문이었습니다. 뒤늦게 알고 보니 법정스님이 예수님의 산상수훈을 읽고 감동을 받아 그 말씀을 자신의 삶으로 실천한 것이었다는 사실입니다. 인도의 영웅 간디도 마찬가지입니다. 그의 유명한 신념인 무저항, 비폭력주의는 바로 예수님의 말씀을 자신의 삶에 적용한 것이라는 사실은 우리 모두에게 알려진 이야기입니다.

하나님의 말씀 그리고 예수님의 말씀은 참으로 신비합니다. 세상적으로는 이해하기가 힘들고 이성적으로 납득하기 어려운데 막상 실천하면 놀라운 일들이 벌어진다는 것이지요. 그래서 예수님의 말씀은 역설적이라고 말할 수 있습니다.

예수님께서 우리에게 말씀하십니다.
"나의 멍에를 메고 내게 배우라." (마 11:29)

바로 예수님이 지신 십자가를 지고 예수님을 따르라는 말씀입니다. 예수님의 삶을 믿고 본을 받으라는 말씀입니다. 그러면 이상한 일을 경험하게 된다는 약속이죠. 우리가 예수님을 따르면서 겪게 되는 멍에와 짐이 어느 순간 가벼워진다는 것입니다. "이는 내 멍에는 쉽고 내 짐은 가벼움이라 하시니라"

(마 11:30) 더 나아가 우리가 쉼을 얻게 된다는 약속의 말씀을 예수님께서 하고 계십니다. 신명기 28장의 말씀인 순종과 축복의 관계와도 똑같은 말씀을 예수님께서 우리에게 말씀하시는 것이지요. 우리가 예수님의 십자가를 믿음으로 지게 되면, 쉼과 안식이 보장된다는 약속의 말씀입니다.

십자가나 멍에를 지는 것은 처음에는 힘이 듭니다. 힘이 들지 않으면 십자가도 멍에도 아닙니다. 가짜 십자가요, 가짜 멍에이겠지요. 만약 십자가와 멍에가 가볍다고 한다면 누구나 십자가를 지겠다고 나설 것입니다. 하지만 실제로 십자가는 힘이 드는 것이 사실입니다. 그래서 모두가 회피하려고 합니다. 그리고 가짜 십자가를 지고 십자가를 지는 흉내만을 내게 되는 것이지요. 어쩌면 오늘 날의 많은 성도들이 가짜 십자가와 멍에를 지고 사람들 보기에만 그럴 듯하게 흉내를 내고 있을지도 모르겠습니다.

왜냐고요?

당연히 십자가를 지는 것이 고통스럽기 때문이겠지요. 그렇다면 왜 십자가를 지게 되면 그 후에 십자가가 가벼워질까요?

제 생각에는 믿음으로 십자가를 지면 처음에는 무거운 것이 사실이지만 시간이 갈수록 가벼워진다는 것입니다. 그 이유는 아마도 우리가 십자가를 질 때 예수님이 함께 들어주시기 때문일 것입니다. 또한 무겁고 힘들게 보이는 십자가가 사실은 더 쉬운 것일 수도 있다는 것이죠. 무어라고 할까요? 영어적인 표현으로 Strategy, 즉 하나님의 전략(?) 내지는 기막힌 묘수(?)일 수도 있다고 봅니다. 누가 진짜인지를 가려내는 방법으로 하나님께서 무거운 십자가를 사용하신다고 볼 수도 있습니다. 이러한 하나님의 깊은 의도를 합격하는 가장 좋은 방법은 정직과 진실 그리고 믿음으로 나아가는 것입니다. 왜냐하면 하나님께는 우리의 잔 꽤나 자기중심적인 사고가 통하지 않기 때문입니다.

어떻게 하면 우리가 정직하고 진실한 삶을 살 수 있을까요?
어떻게 하면 진정한 믿음을 가지고 무거운 십자가라도 두려워하지 않고 질 수 있을까요?

그 답은 우리의 마음을 비워야 합니다. 우리의 욕심과 욕망이 우리로 하여금 우리를 향한 하나님의 계획과 의도를 보지 못하도록 하기 때문입니다. 우리를 향한 하나님의 뜻이나 하나님의 계획이나 그림은 우리가 우리의 마음을 최대한으로 비울 때에

극대화됩니다. 우리가 그리는 그림, 아니면 우리가 세우는 계획은 단면적으로 보면 아주 멋있습니다. 하지만 그 모든 퍼즐을 다 맞추어 놓고 보면 정말 초라해진다는 것입니다. 이와는 반대로 하나님의 그림은 단면적으로 볼 때 초라하고 볼품이 없게 보입니다. 하지만 시간이 지나서 퍼즐이 완성되고 나면 당신은 하나님의 영광을 경험하게 될 것입니다.

"살고자 하는 자는 죽을 것이요, 죽고자 하는 자는 살 것"(마 16:25)이라는 예수님의 말씀은 정말 고귀한 것입니다. 바로 생즉사 사즉생이죠. 죽음의 사선을 넘은 자들만이 마음을 비울 수 있습니다. 나의 의지와 욕망이 죽음을 맞이하는 죽음의 강, 어쩌면 요단강을 건너야만 예수님을 따를 수 있다는 것이지요. 하나님의 말씀과 명령에도 순종할 수 있습니다. 예수님을 위해서 우리의 모든 것을 버리고 마음을 비운 자들만이 예수님이 약속하신 그 놀라운 은혜를 체험할 수 있다는 말입니다. 이러한 예수님의 역설적인 말씀은 진리요, 신비입니다. 그래서 누구든 그 역설적인 진리를 따르는 자는 이 세상에서도 놀라운 일을 경험할 수 있다는 것입니다.

그러니까 예수님의 말씀은 성도들에게만 경험되는 것이 아니라 세상사람 그 누구라도 예수님의 말씀을 믿고 실천하면 그 놀라운 역설의 신비를 경험하게 된다는 것입니다. 바로 간디가 실천한 비폭력, 무저항이라는 예수님의 가르침이 인도를 영국으로부터 독립하게 하는 원천이 되었던 것입니다.

한국 역사의 영웅 이순신도 바로 죽고자 하는 살 것이요, 살고자하는 죽으리라는 역설적 진리를 실천한 인물입니다. 그래서 임진왜란 당시 일본군과의 전쟁에서 23전 23승이라는 불패의 신화를 경험하게 된 것이지요. 물론 이순신장군이 예수님을 개인적으로 믿었다는 말씀은 아닙니다. 하지만 예수님의 말씀인 죽고자 하는 자는 살 것이요, 살고자 하는 자는 죽으리라는 예수님의 말씀은 우주적인 진리라는 말씀입니다. 어느 누구가 실천해도 역설의 신비를 경험하게 되는 진리라는 것이지요. 그러나 누가 그런 용감한 선택을 할 수 있겠느냐는 물음을 하게 됩니다. 바로 마음을 비우고, 십자가의 고통을 선택한 자만이 할 수 있다는 것입니다. 그래서 예수님이 우리에게 죽음의 강을 건널 것을 조언합니다.

"누구든지 나를 따라오려거든 자기를 부인하고 자기 십자가를 지고 나를 따를 것이니라." (마태복음 16:24)

셋째로 순종은 매일 매일 연습하는 것입니다.

우리의 마음을 비우고 그곳에 하나님으로 채우는 것은 매일 삶 속에서 실천해야 한다는 것입니다. 우리는 본능적으로 안정을 추구하게 되어있습니다. 하지만 우리가 인간적으로 안정을 추구하는 바로 그 순간부터 우리는 하나님과 멀어지는 것입니다.

바로 만나의 비밀이 우리에게 그것을 잘 알려줍니다. 만나는 이스라엘 백성이 광야에서 먹을 것을 구할 수 없을 때에 내려주신 아주 특별한 양식입니다. 만나를 먹는다는 것은 바로 하나님의 현존을 느끼는 바로 거룩한 체험이라고 볼 수 있습니다. 광야라는 아주 특수한 지형 속에서 하나님을 의지하는 수밖에는 아무런 선택의 여지가 없을 때에 이스라엘 백성은 만나를 경험하였습니다. 불안정속에서 정말이지 물도 없고, 양식도 없고, 농사를 지을 수도 없을 때에 하나님의 역사와 간섭은 너무나 분명하였습니다.

하지만 이스라엘 백성이 가나안 땅에 들어가서 집을 짓고, 농사를 하게 되면서 만나는 더 이상 내려오지 않았습니다. 안정은 우리에게 불안한 마음을 사라지게 하지만, 상대적으로 우리와 하나님과의 친밀한 관계가 멀어지는 요소이기도 합니다. 그렇다고 가나안 땅에 들어가지 말자는 주장은 아닙니다. 하지만 가나안 땅에 들어가서도 매일 매일 우리의 마음을 하나님 앞에 내려놓아야 한다는 것입니다. 안정을 구하지 말고, 오히려 하나님을 위해 모험을 해야 한다는 것입니다. 안정 속에서 누가 모험을 할 수 있겠습니까? 바로 심령이 가난한 자만이 할 수 있습니다.

2010년 10월중에 인도선교지에서 있었던 일입니다. 가끔 경험하게 되는 일이지만 은행잔금이 바닥을 치는 것이지요. 뭐라고 할까요? 영어적인 표현으로는 제로 밸런스라고 합니다. 정말 끔찍하고 당황스러워서 경험하고 싶은 않은 현실이지요. 하지만 하나님은 저에게 믿음을 요구하셨습니다. 과거에도 수도 없이 만나로서 먹여주신 하나님이시지만, 또다시 그런 상황을 맞이하는 저 자신은 마음이 담대해지기 보다는 오히려 마음이 약해지고 녹아내리는 모습을 목격하게 되었습니다. 그 누구인들 은행잔고가 마이너스나 제로인 상황을 즐길 수 있겠습니까? 아무튼 믿음으로 나아가는 수밖에 없었습니다. 그러던 어느 날, 한국의 두 교회에서 이 메일이 왔습니다. 그것도 동시에 말입니다. 한 교회는 전라도 병풍교회이었고, 다른 한 교회는 시흥 열린문교회이었습니다. 평소에 한 번도 연락이 없던 목사님들이셨는데 갑자기 메일을 주서서 선교헌금을 부쳐주신다는 것이었습니다. 더욱 놀라운 것은 두 교회에서 부쳐준 금액이 바로 제가 생활비로 필요한 정확한 액수의 헌금이었습니다. 이것은 마치 우연의 일치처럼 보였습니다. 평소 연락이 없었던 두 목사님들이 동시에 연락을 주셨는데, 선교헌금을 제가 필요한 만큼의 정확한 액수의 생활비를 부쳐주셨다는 것은 우연의 일치보다는 오히려 하나님께서 베풀어주신 기적이라고 믿는 것이 더욱 합리적이라고 생각됩니다.

아무튼 더욱 중요한 것은 매일 매일 순종의 삶을 연습해야 한다는 것입니다. 순종은 전적인 맡김이 필요합니다. 은행계좌의 잔고가 마이너스가 되든지 제로 밸런스가 되든지 간에 나의 모든 것을 온전히 맡기는 매일 매일의 훈련이 필요한 것입니다. 마치 수영을 배우려면 먼저 물의 뜨는 법을 배워야 하듯이 말입니다. 물에서 몸이 뜨려면, 빠져 죽을 것 같은 깊은 물에서 자신의 몸을 온전히 물에 맡겨야 한다는 것입니다. 매일 삶을 온전히 내어 맡기는 훈련은 순종적인 삶의 본질입니다.

넷째로 순종은 기도로서 하나님께 가까이 나아가는 노력입니다.

선교지에서 할 수 있는 것은 정말 기도뿐입니다. 그리고 요리를 잘할 줄 알아야 합니다. 요리 잘하고 기도를 잘하면 선교 사역은 일단 잘하는 것입니다. 바로 육체적 생존과 영적인 생존을 가능케 하기 때문이죠.

그리고 우리가 알아야 할 것은 기도가 쌓이고 시간이 무르익어야 하나님께서 움직이시기 시작한다는 것입니다. 그러니 순종은 정말이지 어려운 것이고 고통스러운 것입니다. 왜냐하면 기도를 열심히 다해야 할 뿐만 아니라 낙심하지 말고 그 때를 기다려야 하기 때문입니다. 기다린다는 것은 정말이지 쉬운 일이 아닙니다. 많은 사람들이 그 때를 기다리지 못해서 어둠에 항복하고 맙니다. 자포자기를 하거나 자살하고 싶은 충동을 경험하기도 합니다.

하나님께서 역사하시기를 성공적으로 기다리기 위해서는 먼저 마음을 비워야 합니다. 그러므로 우리의 기도의 목적이 하나님을 설득하는 것보다 오히려 우리의 의지와 욕심을 비우고 하나님의 의지와 계획에 항복하는 것이어야 합니다. 그렇습니다. 기도는 하나님의 뜻과 의지에 우리의 뜻과 의지를 일치시키는 노력입니다. 어쩌면 하나님을 기다리는 것과 우리 자신의 욕망을 비우는 것이 너무나 고통스러울 수 있습니다.

하지만 사실은 그 정반대입니다. 점차로 우리의 욕심을 버리고 하나님의 뜻을 구하게 되면 몸과 마음이 가벼워지게 되어 있습니다. 그리고 나면 하나님의 음성이 서서히 강하게 들리게 되어 있고요. 하나님과의 일대일 교제가 가능해집니다. 기도할 때와 찬송할 때마다 말입니다. 그러니까 생각하기에는 기도하면서 하나님의 시간을 기다리는 것이 고통스럽고 지루하기만 할 것 같지만, 사실은 주님과 동행하고 주님의 임재를 강하게 느낄 수 있는 행복한 시간이 될 수도 있다는 것입니다.

기도는 하나님의 능력과 기적을 체험하는 놀라운 방법입니다. 그런데 문제는 마귀가 기도만은 못하게 막는다는 것이죠. 그걸 이겨내고 매일 2-3시간 기도하는 것은 바로 생명줄과도 같습니다. 어떻게 2-3시간 기도를 하냐고요? 찬송을 2시간 정도를 부르시면 됩니다. 먼저 사도신경을 읽거나 외우고, 찬송가를 5곡정도 부릅니다. 그리고는 시편이나 마가복음 등 자신이 원하는 성경을 한 장 정도 읽으면 됩니다. 그리고 나면 정신적으로나 육체적으로 좀 피로감을 느낄 수도 있습니다. 특별히 기도하는 것을 처음으로 시도하는 분은 더더욱 그렇습니다. 그러면 잠시 5분정도 휴식을 취합니다. 휴식을 취하는 방식은 다양합니다. 사탕이나 쿠키를 드실 수도 있고요. 주스 한잔을 마실 수도 있습니다. 그리고는 다시 찬송할 수 있는 마음을 다잡아야 합니다. 왜냐하면 휴식과 함께 어디론가 삼천포로 빠질 수 있도록 마귀가 덫을 놓기 때문입니다. 어디선가 전화가 옵니다. 좀 걱정해야 할 전화를 받게 되면 그만 기도하거나 찬송할 수 있는 마음이 사라지게 되거든요.

사실 이것이 딜레마입니다. 어느 정도 찬송과 기도를 하다가 쉬어주지 않으면 정신이 안차려져서 딴 생각하고 있는 자신을 목격하게 되고요. 적당히 휴식을 취하면서 하다보면 나도 모르게 다시 본 궤도 돌아오지 못하게 되거든요. 어쨌든 결과적으로는 휴식을 취하는 것이 낫습니다. 이제 다시 주기도문을 암송하거나 읽습니다. 그리고 찬송가 5장 정도를 부릅니다. 찬송가를 부를 때는 마음에 와 닿는 곡을 자유로이 선택하시면 됩니다. 하지만 혹시 어린 자녀들과 함께 부를 경우에 자녀들이 원하는 찬송을 선택하도록 하게 하면 아주 효과적인 가정예배가 될 수 있습니다. 때론 머리가 복잡하거나 가슴이 답답하면 먼저 보혈찬송을 5곡정도 부르면 좋습니다. 그렇게 부르다보면 불안한 마음이나 복잡한 머리가 갑자기 사라지는 경험을 하게 됩니다. 어쩌면 세상이 아니면 어둠이 당신을 짓눌렀다고 볼 수도 있습니다.

그리고는 한 번 더 5분정도 쉬어주면 좋습니다. 이것은 어디까지나 제가 추천하는 방식입니다. 개인적인 취향에 따라 자유로운 방식을 취하는 것은 당연합니다. 하지만 저의 30년 기도생활 경력을 미루어 볼 때, 기도와 찬송은 재미있고 즐거워야 한다는 것입니다. 그렇지 않으면 얼마 못 가게 되어있습니다. 특별히 어린 아이와 함께 예배를 드리면 더욱 그렇고요. 어른 중에도 저와 같이 한군데 오랜 동안 앉아있지 못하는 사람은 저의 방식이 효과가 있습니다. 5분 정도 쉬는 동안에 적당한 수다도 효과적입니다. 마음과 생각 그리고 육체가 너무나 한곳에 쏠리는 것을 대화를 통해서 균형을 맞추는 것이지요.

너무나 경직되게 기도하려고 하거나 경건하게 하려는 것은 오래가지 못할 뿐만 아니라 다른 사람과 함께 예배드리는 데는 별로 좋지 않습니다.

기도의 동역자가 있으면 너무나 좋습니다. 함께 찬송을 부르고 기도제목을 나누고 인간적인 감정을 나누면서 찬송가를 15곡정도(5곡×3번)를 부르는 것은 생각보다 쉽고 즐거운 것입니다. 하지만 그러한 동역자를 찾는다는 것이 생각보다 쉽지 않습니다. 서로 마음을 비우고 주님의 뜻만을 구하는 사역자가 그리 많지 않다는 것이 안타까운 현실이죠. 이 문제를 해결하는 대안으로 여러분의 자녀들을 동역자로 삼는 것이 가장 현명한 방법입니다.

하지만 조금 전에도 설명하였던 것처럼, 찬송과 기도를 할 때에 여러분이 아이들이 끌고 가는 것보다 아이들이 자발적으로 이끌어갈 수 있도록 유도하는 것이 중요합니다. 그렇지 않으면 아이들이 하품하다가 자게 됩니다. 그러면 부모들이 화를 내거나 협박하게 되어 있고요. 결과적으로 아이들은 기도나 찬송하는 시간을 혐오하게 되어 있습니다. 반대로 아이들이 기도와 찬송을 주도하게 되면 그렇게 신명나게 합니다. 단지 엉뚱한 길로 빠지는 것만 가이드를 해주시면 됩니다. 또한 너무 억지로 가정예배를 하자고 하면 또한 부작용이 납니다. 그것도 아이들의 주기나 리듬을 잘 맞추면서 해야 하는 것이죠.

여기서 알아야 할 것은 하나님에 대한 이미지입니다. 우리가 보통 하나님을 무서운 분, 어려운 분 내지는 차가운 분으로 생각을 해서 너무나 격식을 차리게 되고, 어느 정도 거리를 두게 됩니다. 그러나 사실은 다릅니다. 우리가 예수님을 통해서 알게 되는 하나님은 친구와 같은 분이십니다. (요 15장 13-15절) 너무 어렵게만 생각하면 재미가 없어집니다.

개인적인 기도나 아이들과 드리는 가정예배를 마치 하나님 앞에서 각을 잡고 벌을 받는 것처럼 생각을 하시면 하나님도 난처해하실 것입니다. 하나님과의 개인적인 관계는 세상에서 가장 편안한 마음과 자세로 임하는 것이 좋습니다. 물론 하나님께 순종하면서 하나님을 제일 순위로 생각할 때의 말입니다. 중요한 것은 하나님과 우리 자신의 개인적이고 인격적인 관계가 형성되어야 한다는 것이고요. 하나님은 생각보다 친밀하시고 개인적이시며 때론 즐겁고 재미있는 분(?)이라는 사실을 기억하셨으면 합니다. 그러면 하나님께 개인적으로 드리는 기도와 찬양, 그리고 예배를 드리는 자세가 달라질 수 있다는 것입니다.

다섯째로 순종은 하나님과 사랑에 빠지는 것입니다.

혹시 여러분! 서울에서 부산까지 가장 빨리 도착하는 방법을 아시나요? 고속버스를 타면 될까요?

아니면 운전을 빨리하는 사람이 자가용을 운전하면 될까요?

아니면 택시를 타면 되나요?

물론 많은 사람들이 KTX를 타면 된다고 생각하시겠죠?

또한 비행기를 타면 될 것이라고 생각하는 사람들이 가장 많겠네요.

하지만 정답은 그것이 아니라는 것은 모두 다 아시죠?

네 맞습니다. 사랑하는 연인과 함께 가는 것이 가장 빠르게 도착한다가 정답입니다.

왜냐고요? 바로 체감속도 때문입니다.

사랑하는 사람과 함께 가는 여행은 정말로 시간이 가는 줄을 모른답니다.

하나님은 우리를 사랑하십니다. 하나님 또한 우리가 하나님을 그처럼 사랑하길 기대하십니다. 사랑은 바로 우선순위의 문제입니다. 만약 우리가 하나님을 우리 삶의 제일 우선순위로 삼는다면, 하나님은 여러분이 세상의 그 어떤 것을 사랑해도 문제를 삼지 않습니다. 하나님 자신이 제일 순위라면, 하나님은 정말 관대해지십니다. 우리 삶의 2순위, 3순위, 4순위는 우리의 자율에 자유롭게 맡기신다는 것이지요. 그러니까 우리와 하나님과의 관계가 흔들리지 않는다면 하나님은 우리에게 무한한 자유와 권한을 부여하신다는 말씀입니다. (요한복음 15:1-11) 그렇지 않다면 하나님께 순종하는 것은 고통의 연속이요, 아무런 즐거움도 없는 신앙생활이 아니겠습니까!

하나님을 제일로 사랑하는 것은 바로 우상 숭배하지 않는 것과도 같습니다. 우리가 하나님보다 더 사랑하는 것이 있다면 바로 그것이 우상입니다. 사실 우상을 숭배하지 않고 하나님만을 제일 사랑하는 것은 그렇게 쉬운 일이 아닙니다. 그것은 우리의 마음을 비우고 우리의 욕심을 버리지 않는다면 거의 불가능한 일입니다. 하지만 만일 우리가 하나님을 제일로 사랑한다면, 우리는 이제 더 이상 노예가 아니라 자유인이 되는 것입니다. 왜냐하면 우리가 하나님 안에 있을 때에 우리는 세상의 온갖 묶임에서 자유와 해방을 누리게 되기 때문입니다.

사실은 알고 보면 우리 모두 이 세상에서 썩어질 것들의 노예입니다. 돈의 노예입니다. 명예와 권력의 노예입니다. 질병의 노예입니다. 인간관계의 노예입니다. 먹을 것과 입을 것의 노예입니다. 하지만 하나님과 사랑에 빠지고 하나님을 우리의 제일 우선순위로 삼게 되면 하나님은 우리로 하여금 세상의 억압과 묶임에서 자유하게 해주십니다.

다시 한 번 역설적 진리가 나오는데요. 하나님의 노예가 되는 것은 세상에서 자유인이 되는 것입니다. 하나님과 사랑에 빠지고, 하나님을 우리 삶의 우선순위로 삼는 것이 막상 힘들어 보이고, 비참하게 여겨질 수도 있지만, 알고 보면 최고로 행복해지는 비결이고, 진정한 자유인이 되는 유일한 비결이라는 것입니다. 어쩌면 가장 힘든 것 같은데, 알고 보면 가장 쉽고 즐거운 일인 것이죠.

결론적으로 하나님을 사랑하면 순종하는 것이 너무나 쉬워진다는 것입니다. 하나님과 사랑의 교제를 나누게 되면 우리의 고통스러운 순간을 잘 견뎌낼 수 있게도 된답니다. 그리고 막상 하나님을 알고 나면, 하나님은 정말 좋으신 분이시고, 사랑스러운 분이십니다. 무엇이라고 할까요? 인간적인 표현으로 매력적인 분이 바로 하나님이십니다. 한번, 아니 영원히 하나님과 사랑에 빠져볼 만합니다.

여러분!
한번 하나님과 사랑에 빠져보시지 않을래요?

마지막으로 순종은 축복을 불러옵니다.

오늘 우리에게 하나님은 세계 모든 민족위에 뛰어나는 축복을 약속하고 계십니다. 이러한 축복은 현대를 살아가는 우리에게도 여전히 유효하다는 것입니다. 이러한 축복을 누리기 위해서 우리는 하나님의 그 모든 명령을 듣고 지켜 행해야 합니다. 하나님의 명령은 행하기가 어렵게 보이지만 사실은 즐겁고 행복한 길입니다. 만일 우리가 마음을 비우고 하나님께 순종을 할 때에, 우리가 하나님의 놀라운 축복을 경험하게 될 것입니다.

우리가 알아야 할 것은 하나님께 순종하는 사람들은 세상적인 축복을 기대하지 말아야 합니다. 그러니까 하나님의 축복이냐 마귀가 주는 세상적인 축복이냐, 둘 중에 하나를 선택해야 한다는 것입니다. 보통 하나님의 축복은 영적이고 세상적인 훈련이 다 마치고 난 후에 하나님께서 주시는 세상적인 축복을 포함한 하늘의 축복이고요, 마귀의 축복은 세상의 축복을 누릴 준비도 되지 않은 자에게 갑작스럽게 그리고 아무런 이유 없이 주는 축복입니다. 쉽게 말하자면, 하나님도 마귀도 모두 세상 적인 축복을 허락하신다는 말입니다.

문제는 언제 그리고 왜 주느냐의 차이가 있겠지요. 하나님은 축복을 주실 자를 훈련을 시켜서 준비를 시킨다는 것입니다. 마치 가나안에 들어가기 전에 광야의 훈련처럼 말입니다. 준비 된 자에게 세상적인 축복은 정말로 축복이지만 준비되지 않은 자에게 다가오는 축복은 어쩌면 재앙이라는 것입니다.

그렇다면 우리가 축복을 받기 전에 광야 훈련학교를 통과할 때 어떻게 지내야 할까요?

그냥 축복을 받을 날만을 바라면서 고개를 쭉 빼놓고 기다려 야 할까요?

아닙니다. 오히려 매일 매일 하늘의 축복을 즐기는 생활을 해 야 합니다. 어려운 말로, 현재적인 축복을 누리는 것입니다. 현 재적인 축복은 우리의 고통스러운 삶 가운데서 하나님의 임재 와 동행을 경험하는 것이랍니다. 다시 말해서, 하나님과 교제하고 동행하는 현재적인 삶이 바로 이 땅에서 천국을 미리 경험하는 삶인 것입니다.

정말이지 하나님은 놀라우신 분이시고, 좋은 분이십니다. 우리를 축복해주시길 원하시는 분이십니다. 더 놀라운 것은 매일 우리와 교제하고 동행하기를 원하신다는 것입니다.

어쩌면 순종은 율법과 명령을 따르는 것보다 하나님과 매일 교제하고 그 분의 사랑 안에 거하는 것이라고 볼 수도 있겠습니다.

이제 전체적인 결론을 맺겠습니다.

하나님께 순종하십시다.

하나님을 사랑하십시다.

하나님과 매일 동행하십시다.

그리고 매일 그 분의 사랑 안에서 기쁨과 평안을 누립시다.

세상적인 축복도 중요하지만, 지금 하나님과 동행하는 즐거움을 빼앗기지 맙시다. 그러면 축복은 기다리지 않아도 하나님의 시간에 저절로 주어지는 것입니다.

오늘도 순종하는 자들에게 세계 모든 민족위에 뛰어나게 해주신다는 약속의 말씀을 붙잡는 자들에게 그 약속은 이루어집니다. 바로 순종하는 자들에게 말입니다.

기적일까?
우연일까?

여호와께서 아모리 사람을 이스라엘 자손에게 넘겨 주시던 날에 여호수아가 여호와께 아뢰어 이스라엘의 목전에서 이르되 태양아 너는 기브온 위에 머무르라 달아 너도 아얄론 골짜기에서 그리할지어다 하매 태양이 머물고 달이 멈추기를 백성이 그 대적에게 원수를 갚기까지 하였느니라 야살의 책에 태양이 중천에 머물러서 거의 종일토록 속히 내려가지 아니하였다고 기록되지 아니하였느냐 여호와께서 사람의 목소리를 들으신 이같은 날은 전에도 없었고 후에도 없었나니 이는 여호와께서 이스라엘을 위하여 싸우셨음이니라 (여호수아 10: 12~14)

On the day the LORD gave the Amorites over to Israel, Joshua said to the LORD in the presence of Israel: "O sun, stand still over Gibeon, O moon, over the Valley of Aijalon." So the sun stood still, and the moon stopped, till the nation avenged itself on its enemies, as it is written in the Book of Jashar. The sun stopped in the middle of the sky and delayed going down about a full day. There has never been a day like it before or since, a day when the LORD listened to a man. Surely the LORD was fighting for Israel!